LES ASSURANCES

CONJUGALES,

COMÉDIE EN UN ACTE, MÊLÉE DE CHANT,

PAR

M. ROSIER,

REPRÉSENTÉE POUR LA PREMIÈRE FOIS A PARIS, SUR LE THÉATRE DU PALAIS-ROYAL, LE 23 NOVEMBRE 1838.

PRIX : 30 CENTIMES.

PARIS.

MARCHANT, ÉDITEUR, BOULEVART SAINT-MARTIN, 12.

BRUXELLES,

A LA LIBRAIRIE BELGE-FRANÇAISE, MONTAGNE DE LA COUR, 26.

1838

LES ASSURANCES
CONJUGALES

PARIS : 20 GRANDMAIS

LES ASSURANCES

CONJUGALES,

COMÉDIE EN UN ACTE, MÊLÉE DE CHANT,

PAR

M. ROSIER, *(Joseph-Bernard)*

REPRÉSENTÉE POUR LA PREMIÈRE FOIS A PARIS, SUR LE THÉATRE DU PALAIS-ROYAL, LE 23 NOVEMBRE 1838.

PARIS.

MARCHANT, ÉDITEUR,

12, BOULEVART SAINT-MARTIN.

1838

PERSONNAGES.		ACTEURS.

OSCAR DUBELAIR............................ M.   Achard.

MUSTADINO................................. M.   Lhéritier.

PISTAL.................................... M.   Grassot.

ERNEST.................................... M.   Achille.

PULCHÉRIE................................. Mme Wilmin.

JULIE..................................... Mme Kine.

HOMMES ET FEMMES, DOMESTIQUES, UN ENFANT DE TROIS ANS.

La scène est à Paris, en été.

LES

ASSURANCES CONJUGALES,

COMÉDIE EN UN ACTE, MÊLÉE DE CHANT.

Le théâtre représente un salon ouvert au fond sur un jardin. Cabinet à droite et à gauche ayant une porte en face l'une de l'autre et une fenêtre sur la salle.

SCENE PREMIERE.

INVITÉS, DOMESTIQUES ; *puis* PISTAL.

Au lever du rideau, on voit plusieurs hommes habillés pour une soirée, qui achèvent de prendre des glaces et des sorbets, et remettent les verres et coquilles sur les plateaux que présentent des domestiques.

CHOEUR.

Une fête charmante
Vient de nous réunir ;
Que chacun de nous chante ,
Et soit tout au plaisir !

PISTAL , *arrivant*. Bravo, mes amis , bravo ! faites honneur à ma soirée ; mais vos femmes se plaignent peut-être de votre absence, et d'autres les font danser pour vous ; c'est imprudent.

PREMIER INVITÉ. Tu laisses bien la tienne...

PISTAL. Oh ! moi, c'est différent.

DEUXIÈME INVITÉ. Tu crois être privilégié ?

PISTAL. Non... mais j'ai trois motifs d'être parfaitement tranquille, autant du moins qu'on peut l'être parfaitement sur un pareil sujet... D'abord, ma femme n'est de retour à Paris que depuis hier, après trois mois passés loin de moi en province, près de sa mère... et ce n'est pas le lendemain du jour où elle a eu le bonheur de me revoir, qu'elle songerait... c'est impossible !...

PREMIER INVITÉ. Oui ; mais... qui te dit qu'en province...

PISTAL. Depuis quatre ans que nous sommes mariés, elle a toujours été malade, languissante... surtout depuis trois ans... depuis la naissance de mon petit garçon qu'elle a voulu nourrir... c'est si fatigant !... Moi, je n'aurais jamais pu...

TOUS, *riant*. Ah ! ah ! ah !...

PISTAL, *appuyant*. Moralement... moralement !... (*Reprenant son récit.*) Et c'est d'après l'avis des médecins qu'elle est allée passer trois mois dans le midi de la France.

DEUXIÈME INVITÉ. L'air de ce pays lui a fait du bien...

PISTAL. Oui, je l'ai trouvée fraîche, rose, vermeille, alerte... et je puis le dire à vous, qui avez comme moi le malheur d'avoir des femmes très-bien portantes... cette santé m'a inspiré quelques alarmes...

LES INVITÉS. Ah ! ah !

PISTAL. Pour l'avenir !... pour l'avenir !... Moi, qui l'avais toujours vue pâle, fatiguée, fuyant le monde, se nourrissant de laitage... (*Avec effroi.*) Hier, elle a mangé du filet !... ça ne lui était jamais arrivé !...

DEUXIÈME INVITÉ. Tu te disais si tranquille !

PISTAL. Je ne vous ai dit qu'un motif sur trois... Voici les deux autres : Mon intention, et je commence dès aujourd'hui, est de prodiguer à ma femme toute espèce de divertissemens et de plaisirs chez elle.

DEUXIÈME INVITÉ. On ne pouvait pas

mieux débuter... Ta soirée est délicieuse !

TROISIÈME INVITÉ. Et le troisième motif?

PISTAL. Le troisième?... c'est que je veux me faire assurer par la nouvelle compagnie qui vient de s'établir, et qui étendra ses bienfaits sur tout le globe.

PREMIER INVITÉ. Que veux-tu dire?

PISTAL. Vous savez, mes amis, que le caractère de notre époque est l'incertitude sur quoi que ce soit, ce qui a donné l'idée des assurances sur toutes choses?

PREMIER INVITÉ. Assurances contre l'incendie.

DEUXIÈME INVITÉ. Contre la grêle.

TROISIÈME INVITÉ. Contre les procès.

QUATRIÈME INVITÉ. Contre les voleurs.

CINQUIÈME INVITÉ. Contre les maladies.

PREMIER INVITÉ. On dit même qu'il vient de s'établir, en Espagne et en Portugal, une compagnie contre les révolutions.

PISTAL, *chaudement*. Eh bien ! celle dont je vous parle vient de s'établir contre les révolutions domestiques, contre les accidens du mariage... C'est admirable ! c'est sublime !... et c'est fortement encouragé par l'état-major de la garde nationale.

PREMIER INVITÉ. Par l'état-major?

PISTAL. Et par les conseils de discipline.

DEUXIÈME INVITÉ. Comment cela?

PISTAL.

AIR :

A l'avenir, dans la grande milice,
On ne verra ni traînards, ni boudeurs,
Chacun de nous fera bien son service,
Pendant la nuit, grâce à nos assureurs.
Notre repos désormais les regarde ;
Nous resterons au poste sans souci,
Et sans trembler, en descendant la garde,
Que notre honneur ne la descende aussi.

(*Très-chaudement.*) Oui, mes amis, cette entreprise est une des expressions les plus magnifiques du progrès... c'est l'idée d'un génie...

PREMIER INVITÉ. Industriel.

DEUXIÈME INVITÉ. Industrieux.

PISTAL. Voilà des actions bien placées ! on ne dira pas que celles-là sont immorales !

PREMIER INVITÉ. Qui sait ?...

PISTAL. Je suis allé hier à la compagnie, et j'attends ce soir même, ici, le chef de division qui doit m'assurer... Je l'ai invité pour cela... Et tenez... (*on entend Oscar*) je l'entends... il frédonne... Rien n'inspire la joie comme de faire le bonheur de l'humanité.

SCENE II.

OSCAR, PISTAL, INVITÉS.

Oscar entre en chantant :

Oui, c'en est fait, je me marie.

OSCAR, *venant du fond, à gauche*. Ah ! monsieur Pistal, j'ai l'honneur... votre santé... Merci, je me porte bien... (*Aux autres.*) Messieurs... (*A Pistal.*) Monsieur, j'ai usé de la permission que vous m'aviez donnée d'inviter à votre soirée deux autres personnes : l'inspecteur de la compagnie pour les mœurs, et un marquis de mes amis.

PISTAL. Très-bien !... très-bien !... Messieurs, j'ai l'honneur de vous présenter M. Oscar Dubelair, chef de division.

OSCAR. Oui, messieurs... et inspecteur général de la compagnie d'assurances contre l'incendie...

LES INVITÉS. Contre l'incendie?

OSCAR. Du cœur... des femmes mariées. (*Rire des invités.*) Je reviens de province, où j'étais allé régler plusieurs sinistres... Vous n'avez pas d'idée comme la province progresse !...

PREMIER INVITÉ. Et vous croyez, monsieur, à l'utilité publique de cette nouvelle espèce d'assurances?

OSCAR. Comment, si j'y crois ?... Y a-t-il rien de plus moral ?... Vous avez beaucoup de gens qui, par état, ne peuvent pas surveiller leurs femmes... La compagnie se charge de ce soin, et prévient les maris aux premiers symptômes, à la moindre apparence de fumée. Si, malgré ces précautions, il arrive un malheur, les assurés sont dédommagés : pour une lettre d'amant surprise, la compagnie donne tant ; pour un baiser furtif, tant ; quand l'incendie a tout dévoré... tant !...

PISTAL. C'est ravissant !... c'est de l'époque !

OSCAR, *souriant*. Le dernier sinistre que j'ai réglé à Pézenas était bien singulier !

PISTAL, *enchanté*. Ah! voyons !... On aime toujours ces choses-là... chez les autres.

Les invités se pressent tous autour d'Oscar.

OSCAR. C'était un apothicaire... ce qu'on veut bien appeler pharmacien... Ce droguiste faisait de mauvaises affaires, et ne savait comment se procurer de l'argent... Sa femme était jolie... il se fait assurer... c'est bien... Un mois après, ne s'avise-t-il pas d'écrire des lettres anonymes à sa femme!... La pharmacienne se figure que ces lettres lui viennent d'un beau jeune homme qu'elle avait remarqué... elle répond, et consent à le recevoir une nuit que le droguiste était absent... Le mari revient; il s'introduit dans l'ombre près de sa femme... Ernest, lui dit-elle, est-ce toi? (*Riant.*) Le mari s'appelle Chrysostome... (*Rire des invités.*) Chrysostome s'emporte, il tempête, et puis prétend qu'il y a là un sinistre... et veut nous faire payer... Halte-là, Purgon, mon ami, lui ai-je dit... vous vous êtes fait brûler vous-même!... c'est un cas de galères!

PISTAL. C'était de la mauvaise foi.

OSCAR. Evidemment, sans cela la compagnie l'aurait payé; elle a bien payé des sommes énormes à des avoués, à des préfets, à cinq procureurs généraux, et à tous les officiers de gendarmerie... La gendarmerie nous ruine!

PISTAL, *aux autres avec admiration*. Vous l'entendez!

OSCAR, *charlatan*. Nier l'utilité de notre entreprise, messieurs, c'est nier le soleil... Et tenez, tenez... (*A part.*) Racontons-leur ce qui m'est arrivé en diligence. (*Haut.*) Voici ce qui m'est... ce qui est arrivé à un de mes amis. Il a rencontré il y a quelques jours, dans une diligence, une femme charmante, il lui a fait la cour, cette femme n'a jamais voulu lui dire son nom. En descendant à Paris, cour des messageries, cette dame s'est esquivée avec sa bonne, une Bourguignotte qui a un nez retroussé.

PISTAL, *à part, effrayé*. Ciel! un nez retroussé! ma bonne en a un!

OSCAR. Si le mari n'est pas assuré, si nos inspecteurs de mœurs ne veillent pas sur cette femme, et que mon jeune ami la retrouve...et il la retrouvera... je plains le mari.

PISTAL, *alarmé*. Comment?

OSCAR, *se tournant vers lui*. Ah! pauvre cher homme, que je te plains.

TOUS, *riant*. Ah! ah! ah! ah!

Pistal rit forcé.

OSCAR, *suffisant*. Après cela, messieurs, n'allez pas croire que la compagnie se jette à la tête des gens, nous n'assurons pas à tort et à travers, et il est tel d'entre vous, messieurs, que je ne voudrais pas... il y a des maris tellement prédestinés, que ce serait vouloir perdre que de les assurer... nous n'avons garde!

DEUXIÈME INVITÉ. Et combien cela coûte-t-il, une assurance?

OSCAR. Cela dépend, messieurs, des chances que la compagnie a contre elle. Si la femme, par exemple, est jeune et jolie, étourdie, et que le mari soit laid, vieux et maussade... vous concevez...

TROISIÈME INVITÉ. Combien m'en coûterait-il à moi?

OSCAR. Votre épouse est-elle...

TROISIÈME INVITÉ. Ni bien ni mal.

OSCAR. Votre état?

TROISIÈME INVITÉ. Notaire.

OSCAR. Combien de clercs?

TROISIÈME INVITÉ. Cinq.

OSCAR. Jeunes?

TROISIÈME INVITÉ. Quatre ont passé vingt-cinq ans, (*avec négligence*) l'autre n'en a que quinze.

OSCAR. Vous iriez dans les prix de cinq cents francs par an.

TROISIÈME INVITÉ, *se récriant*. Cinq cents francs!

OSCAR. Renvoyez le petit clerc, et je vous assure pour vingt-cinq francs.

DEUXIÈME INVITÉ. Moi, monsieur, vous me voyez... ma femme a trente-six ans, elle prise.

OSCAR. Elle prise? un franc cinquante par an, monsieur.

PREMIER INVITÉ. Quant à moi, monsieur...

OSCAR. Vous êtes?

PREMIER INVITÉ, *suffisant*. Député du département de...

OSCAR, *l'arrêtant*. Il suffit... nous n'assurons pas les députés de province.

PREMIER INVITÉ, *blessé*. Monsieur...

OSCAR.

AIR :

On m'a cité des électeurs malins
Qui font nommer, parmi les éligibles,
Ceux dont l'absence importe à leurs desseins,
Et mariés à des femmes sensibles.
Quand les élus, comme bons députés,
Sont à Paris, parlent et se tourmentent,
Dans leur province, ils sont représentés,
Oui, bien souvent, ils sont représentés
    Par ceux-mêmes qu'ils représentent.

PISTAL, *à part, avec angoisse*. Un nez retroussé! mon Dieu!

OSCAR, *avec chaleur*. Messieurs, messieurs... je vous le dis avec une profonde conviction, notre entreprise est des plus morales et des plus sociales : moi qui vous parle, messieurs, après six mois d'absence, je suis de retour à Paris depuis deux jours, et ma femme l'ignore; je m'amuse, je suis bien tranquille, et cependant mon épouse est une ex-danseuse... Mais d'où me vient mon assurance ? C'est que je suis... assuré !

SCENE III.

LES MÊMES, MUSTADINO, *au fond, à gauche, dans les arbres, poursuivant* PUL-CHÉRIE.

PULCHÉRIE, *le repoussant faiblement ; à part, apercevant Oscar.* Oscar ! mon mari !

Elle disparaît à droite au fond.

OSCAR, *se retournant.* Ah ! marquis, c'est vous !

MUSTADINO. Oui, mon cher.

OSCAR, *à Pistal.* Messieurs, j'ai l'honneur de vous présenter le marquis de Mustadino, un de mes bons amis.

PISTAL, *saluant.* Monsieur...

MUSTADINO. Pardon, messieurs, j'allais rejoindre ma danseuse, je suis engagé... vous permettez...

OSCAR, *bas à Mustadino.* J'ai à te parler. (*Mustadino sort au fond à droite ; aux autres.*) Un étranger, un Italien, un homme des plus distingués.

PREMIER INVITÉ. On dit que c'est un homme à bonnes fortunes.

PISTAL. On l'a surpris dernièrement à minuit, sous les fenêtres d'un Prussien qui avait laissé sa femme à Paris pour aller assister à un couronnement.

OSCAR, *riant.* Il n'a pas assisté au sien !

Les invités rient.

DEUXIÈME INVITÉ, *à Oscar.* Et vous, monsieur, vous, de la compagnie d'assurance contre les catastrophes conjugales, vous êtes lié avec un Lovelace ?

OSCAR. Vous ne devinez pas pourquoi ? on le fait jaser, les hommes à bonnes fortunes sont bavards, indiscrets, ils vous disent tout ; et si un de nos assurés est menacé, crac, on fait jouer les pompes à la première étincelle.

TOUS. C'est juste, c'est juste !

OSCAR. Ah ! vous commencez à comprendre... Eh bien ! messieurs, laissez-moi vos adresses, j'irai vous faire visite demain, causer avec vous, voir vos femmes, examiner votre manière de vivre.

Les invités lui donnent leurs cartes.

OSCAR.

A demain, et désormais,
De mesdames vos épouses,

Ou coquettes, ou jalouses,
Vous serez sûrs... à peu près.

ENSEMBLE.

A demain, et désormais,
De mesdames nos épouses,
Ou coquettes, ou jalouses,
Nous serons sûrs à peu près.

SCENE IV.

PISTAL, OSCAR.

OSCAR, *après avoir reconduit les invités.* Maintenant, monsieur, à nous deux.

PISTAL, *à part.* Un nez retroussé !

OSCAR. Vous m'avez fait l'honneur, monsieur, de passer hier à mon bureau pour vous faire assurer ; me voici pour cela ; mais avant, il faut que j'examine trois choses.

PISTAL. Et c'est...

OSCAR. Vous, d'abord ; puis, il faut que je voie votre femme ; enfin, il est nécessaire que je connaisse la distribution de votre appartement.

PISTAL. Ma femme est occupée à recevoir.

OSCAR. Nous commencerons par l'appartement.

PISTAL. Il se compose de sept pièces.

OSCAR. Je n'y vois pas d'inconvénient.

PISTAL. La chambre de ma femme, la mienne.

OSCAR. Ah ! vous faites chambre à part ?

PISTAL, *effrayé.* Est-ce que...

OSCAR, *prenant des notes.* Rien, monsieur, rien ; je ne prétends pas changer vos habitudes, je m'informe seulement. Combien de portes à la chambre de madame ?

PISTAL. Deux.

OSCAR. Tant pis ; mais enfin.

PISTAL, *vivement.* J'en ferai condamner une.

OSCAR. C'est mon avis. Quels sont les voisins de votre femme ?

PISTAL, *avec confiance.* Un pensionnat.

OSCAR. De demoiselles ?

PISTAL. De garçons.

Il fait le signe de petits garçons.

OSCAR, *prenant des notes.* Cela vous coûtera cher.

PISTAL, *alarmé.* Il n'y a donc plus d'enfans ?

OSCAR. Savez-vous si un homme peut passer par la cheminée ?

PISTAL. Un ramoneur.

OSCAR. Vous êtes bien imprudent!

PISTAL, *à part.* Est-ce que les ramoneurs se mêleraient aussi de....

OSCAR. Combien d'armoires?

PISTAL. Trois.

OSCAR. Grandes?

PISTAL. Oui.

OSCAR, *hochant la tête.* Ist, ist, ist... les meubles?

PISTAL. Un bureau, des chaises, des fauteuils, un divan.

OSCAR. Un divan à coffre?

PISTAL. Oui.

OSCAR. J'en suis fâché... Quels tableaux?

PISTAL. L'Enlèvement des Sabines, Daphnis et Chloé, une vue de Venise.

OSCAR. Je n'aime pas les vues de Venise.

PISTAL. Apollon et les Muses.

OSCAR. Les Muses, passe; mais l'autre, son costume?

PISTAL, *souriant et signifiant la quasi-nudité.* Ah! mon Dieu, bien simple.

OSCAR. Croyez-moi, supprimez tous ces tableaux, et remplacez-les par des études de bêtes féroces.

PISTAL. Dès demain.

OSCAR. Maintenant, à vous... que je voie un peu... tenez-vous droit. (*Il lui mesure les épaules, il applique son oreille à sa poitrine et l'écoute respirer.*) Respirez, monsieur. (*Pistal respire.*) Encore. (*Pistal respire plus fort.*) Toujours, maintenant. (*Il lui sonde la poitrine en appliquant la main gauche et frappant sur celle-ci avec la droite, dont les doigts sont réunis en cône.*) Couci, couci.

PISTAL. Couci?

OSCAR, *se retirant.* Couci...

PISTAL. Ah! mon Dieu!

OSCAR. Vous prenez du tabac?

PISTAL. Une demi-once par jour.

OSCAR, *prenant une prise, jetant le tabac et rendant la tabatière.* Vous y renoncerez...

PISTAL. Il paraît que ça demande un régime sévère?

OSCAR, *lui touchant les mollets.* Qu'est-ce que vous avez là..., dans vos bas?

PISTAL. Parbleu! mes tibia... Que voudriez-vous donc qu'il y eût?

OSCAR. C'est fluide...

PISTAL. Fluide?

OSCAR. Montrez-moi vos dents.

PISTAL, *montrant les dents.* Voilà!

OSCAR. Pas mal...

PISTAL, *satisfait.* Vous trouvez?

OSCAR. Portez-vous perruque?

PISTAL. Un tout petit toupet.

OSCAR. Avez-vous des enfans?

PISTAL, *avec orgueil.* Si j'en ai! assurément, je m'en vante!

OSCAR. Combien?

PISTAL. Un seul.

OSCAR. Montrez-le-moi.

PISTAL. Pour...

OSCAR. Pour voir jusqu'à quel point il vous ressemble... ou jusqu'à quel point..

> Allez à l'instant,
> Afin d'éclaircir ce mystère,
> Me chercher l'enfant;
> Il faut que je le considère.
>
> PISTAL.
>
> J'y souscris,
> Je suis sûr de la ressemblance...
>
> OSCAR, *à part.*
>
> Alors, je le pense,
> L'enfant n'est pas un Adonis.
>
> ENSEMBLE.
>
> OSCAR.
>
> Courez, etc.
>
> PISTAL.
>
> Je cours, etc.

SCENE V.

OSCAR, *seul.*

Ce bon M. Pistal! nous aurons bien de la peine à le préserver... Mauvaise affaire pour la compagnie. Enfin, quand je l'aurai terminée, je ne veux plus m'occuper que de la mienne, de mon aventure en diligence... la plus jolie femme, rougissant à la moindre de mes œillades assassines, ne répondant pas un mot à mes questions insidieuses... mais elle m'aime, j'en suis sûr, je l'ai troublée jusqu'au fond du cœur... Mais quel malheur qu'en descendant de voiture, dans la cour des messageries, je l'aie perdue de vue; j'étais à surveiller mes bagages, et je me disputais avec un homme de l'époque, qui allait me dérober une malle; je lui fais déposer mon objet, je lui donne un coup de pied de roi dans... je me retourne, ma belle avait disparu... mais c'est égal, je la chercherai, je la trouverai... voilà pourquoi je n'ai pas annoncé mon retour à ma femme, elle voudrait m'accaparer... après six mois d'absence, les maris sont si adorés, quand ils sont bâtis comme votre serviteur... mais j'aperçois Lorrain, il peut me servir à déterrer... (*Il appelle.*) Holà! hé! marquis!

Il écrit rapidement sur son calepin.

SCENE VI.

OSCAR , MUSTADINO.

MUSTADINO, *respectueux, le chapeau à la main.* Me voici !

OSCAR, *écrivant toujours.* Eh ! non, imbécile, tu oublies ton rôle, garde ton chapeau, les marquis n'ôtent jamais leur casquette.

MUSTADINO. Je suis à vos ordres.

OSCAR. Lorrain, mon ami, vous souvient-il de ce que j'ai fait pour vous ?

MUSTADINO. Je ne l'oublierai jamais...

OSCAR. Il y a quatre mois, lorsque je vous rencontrai à Castelnaudary, vous n'étiez que le simple escamoteur d'une petite ville de quelque mille ames, si toutefois il y a des ames dans ces pays. Vous avaliez des sabres, ce qui peut ouvrir l'appétit, mais ne le satisfait guère...

MUSTADINO. Je me donnais des esquinancies !

OSCAR. J'avais une mission secrète du directeur de la compagnie, c'était de trouver un joli homme, peu fortuné, qui consentît, pour un bon salaire, à courtiser les femmes mariées, afin d'alarmer les maris, et de les engager à se faire assurer...

MUSTADINO. Je n'ai pas volé mon argent...

OSCAR. Vous étiez mon homme, rien ne manquait à votre mérite, au contraire, il y avait quelque chose de trop, c'était une façon de parler la langue française empruntée aux charretiers embourbés de votre patrie ; c'étaient des barbarismes, des solécismes, en veux-tu ? en voilà... plus que tu n'en veux...

MUSTADINO. Mais enfin, grâce au titre de marquis italien, que vous m'avez dit de prendre, ça n'y parait plus.

OSCAR. Je vous expédiai aussitôt sur Paris, avec une lettre pour le directeur, et je ne vous ai revu qu'hier en passant... Eh bien, mon gaillard, ça marche-t-il ?

MUSTADINO. Parfaitement !... le directeur m'a donné un domestique, un cabriolet, et de quoi faire figure.

OSCAR. Et nous nous montrons dans tous les lieux publics... au balcon de l'Opéra ?

MUSTADINO. Oui, et là, je fais ma tête.

OSCAR. Tu fais ta... Ah ! oui, ceci est de l'italien... Et avons-nous alarmé beaucoup de maris ?

MUSTADINO. Ça fait trembler, quoi !

OSCAR. Encore un quoi italien...

MUSTADINO. La semaine dernière, la compagnie a fait deux cents assurances, grâce à la terreur salutaire que j'avais semée parmi les maris.

OSCAR. Bravo ! deux cents !... et dans quelle classe ?

MUSTADINO. Dans les divers ministères, surtout dans les hauts emplois.

OSCAR. Tant pis... les hauts emplois brûlent presque toujours.

MUSTADINO. Nous avons eu aussi deux diplomates étrangers.

OSCAR. Tant pis, cent fois tant pis ! les diplomates sont des hommes flambés à l'avance.

MUSTADINO. Après ça, le métier est dur ; il y a des maris qui ne sont pas tendres... j'ai eu déjà plusieurs duels ; mais j'ai été maître d'armes.

OSCAR. Voilà un employé dévoué.

MUSTADINO, *fat.* Toutefois, de temps en temps, quelques revenans bons... des femmes sensibles...

OSCAR. Paris en pullule.

MUSTADINO. Des aventures !...

OSCAR. Orientales... Petit grand-turc, va !

MUSTADINO. J'ai même ici, à cette soirée, une petite femme soignée !

OSCAR. Soignée... est italien...

MUSTADINO. Que j'ai rencontrée au concert Musard.

OSCAR. Êtes-vous d'accord ?

MUSTADINO. Elle n'a jamais voulu se faire connaître, me donner son adresse...

OSCAR. Prends garde, mon ami... si c'était la femme d'un de nos assurés ?... ne va pas nous causer un sinistre ; il faut s'informer avant tout... fichtre ! fichtre !

MUSTADINO. C'est une veuve.

OSCAR. Oh ! alors, alors, comme alors... les veuves n'appartenant à personne... appartiennent à tout le monde.

MUSTADINO. C'est commode.

OSCAR. Eh bien, moi aussi, j'ai fait une conquête : j'ai rencontré, en diligence, une femme nébuleuse, mon cher ami, qui s'est évaporée dans la cour des messageries... je désire, mais ardemment, la retrouver... voici son signalement... (*il lui donne le papier qu'il a écrit.*) Si dans tes courses humanitaires, tu trouves une déité à qui ce signalement convienne, suis-la, prends son adresse, son nom, et viens m'en rendre compte.

MUSTADINO. A vos ordres.

OSCAR, *le rappelant.* Ah ! tu ajouteras à ce signalement une bonne qui a le nez en l'air, je ne sais pas pourquoi.

MUSTADINO, *qui a lu le signalement.* Ni moi non plus... eh mais ! ce signalement se rapporte à une dame que je viens de voir; elle est ici à cette soirée.

OSCAR. Il serait possible?... c'est impossible !

MUSTADINO, *désignant la cantonnade à droite, au fond, extérieurement.* Tenez, voyez de ce côté...

OSCAR. Ah! ciel! je vais me trouver mal tant je suis bien... c'est elle!... Sauve-toi, marquis.

Mustadino sort au fond par la gauche.

SCENE VII.

OSCAR, JULIE, *paraissant par le fond de droite.*

JULIE, *sans voir Oscar.* Ces domestiques sont d'une lenteur... je...

OSCAR, *courant à elle.* Madame, c'est moi, voyez...

JULIE, *voulant se retirer.* Ciel! le jeune homme de la diligence !

OSCAR. Oh! non, vous resterez, vous ne m'échapperez pas... Pardon de ne pas vous tutoyer... mais le respect...

Il lui prend les mains.

JULIE. Laissez-moi !... oh ! par grâce, laissez-moi...

OSCAR. Demandez - moi toute autre chose.

JULIE. Monsieur, dans la diligence, j'étais obligée d'entendre, sans les écouter, vos ridicules déclarations; vous étiez chez vous comme j'étais chez moi, mais j'espère bien qu'ici...

OSCAR. Ici, madame, je ne vous quitte plus.

JULIE. Ah! monsieur, vous voulez donc me perdre ?

OSCAR. Vous perdre ? c'est assez d'une fois, dans la cour des Messageries.

JULIE. Monsieur...

OSCAR. Comment, vous ici!... c'est bien vous... Oh! j'en perdrai la tête... je m'attendais si peu à vous rencontrer chez Pistal...

JULIE, *à part.* Il ignore qu'il est chez mon mari...

OSCAR. Oh! mais, c'est du délire, du vertige, du cauchemar... *(Exalté.)* Qu'est-ce que c'est que tout ceci, mon Dieu?

Il saute, il gambade.

JULIE. De grâce, monsieur, ne dirait-on pas qu'il s'est passé entre nous...

OSCAR, *charmé, vivement.* Nous !... vous

avez dit nous... mon Dieu, elle a dit nous ! elle et moi, moi et elle, dans la même particule, nous, dans le même monosyllabe... nous ! oh ! vous avez dit nous !

JULIE. Oh! taisez-vous, monsieur, taisez-vous !

OSCAR. Oui, oui, je me tairai, si vous m'accordez... oh ! mon Dieu, peu de chose, infiniment peu de chose, pour le moment... la permission de vous voir, de vous contempler à loisir, de vous prendre une main, rien qu'une pour le moment, d'y appliquer un baiser, rien qu'un pour le...

JULIE, *retirant sa main.* Ah ! monsieur, que signifie cette audace, cette témérité ?

OSCAR. Oh! pardonnez!... si vous saviez tout ce que j'ai souffert depuis que vous vous évaporâtes comme une sylphide, dans la cour des messageries?... je ne mange plus, je ne dors plus, je dépéris, voyez... je vous ai cherchée partout, au théâtre, sur les promenades, sur le chemin de fer; j'y étais le jour de la bagarre, j'ai été blessé pour vous... d'un coup de tête d'Auvergnat; je ne m'en plains pas, au contraire ; mais, grâce au ciel, je vous ai retrouvée... nous sommes seuls, soyez sans crainte... je puis vous dire...

JULIE, *vivement.* Oh ! rien, rien !

OSCAR, *vivement.* Oh! tout, tout ! laissez-moi vous dire tout ; je me tairai ensuite.

JULIE, *souriant.* Est-ce que vous n'êtes pas un peu...

OSCAR. Un peu, madame? c'est-à-dire que je suis tout-à-fait fou d'amour.

JULIE. Monsieur, encore un coup, laissez-moi. Je ne sais seulement pas qui vous êtes.

OSCAR. C'est pour ça; il faut bien que je...

JULIE. Il faut, monsieur, ne pas poursuivre, obséder, compromettre une femme qui...

OSCAR, *chaud.* Vous compromettre, moi! mais si quelqu'un s'avisait de s'apercevoir de mon amour, je le tuerais, fût-ce votre mari, madame, si vous êtes mariée, et même votre mari plus volontiers qu'un autre !

JULIE. O ciel!

OSCAR, *la rassurant.* Eh bien, non, eh bien, non, je ne tuerai personne, rassurez-vous; et même si vous craignez qu'on ne nous surprenne ici, madame, si le moment est mal choisi, je vous laisse, mais à une condition...

JULIE, *outrée.* A une condition !

OSCAR. Oui, ah ! oui, à la condition que vous me permettrez de vous parler plus tard... dans un quart d'heure.

JULIE. Je vous défends, monsieur...

OSCAR. Eh bien, dans une demi-heure, oui, c'est convenu.

JULIE, *outrée.* Convenu? Ah çà, mais...

OSCAR. Eh bien, alors, vers la fin du bal... oui, vous y consentez, allons.

JULIE. Jamais.

OSCAR. Si, oh! si.

JULIE. Vous perdez la tête, je...

Elle s'en va.

OSCAR, *souriant et criant.* Je comprends, c'est arrêté; je vous laisse, je suis heureux; je n'en demande pas davantage! j'ai bien l'honneur de vous saluer. (*Parcourant la scène.*) Enfin, je triomphe! elle emporte le trait dont je l'ai blessée. Je la rejoindrai avant la fin du bal qui commence à peine... je la suivrai; je saurai son adresse. Oui, oui, je passerai encore quelques jours sans aller embrasser ma femme... Cette pensée m'enivre! j'ai tout le système dans un état convulsif? Mais voici Pistal avec sa progéniture... Dieu! comme son fils lui ressemble; mais effrayons-le pour qu'il se fasse assurer.

~~~~~~

SCENE VIII.

PISTAL, OSCAR, un Enfant *de trois ans.*

PISTAL. Me voici, me voici.

OSCAR, *prenant l'enfant par la main.* Voyons cet être problématique.

PISTAL. Problématique?

OSCAR. Sans doute, tant que je ne l'ai pas examiné. Je ne suis pas un sot flatteur moi, monsieur; un flatteur vous dit, en parlant d'un enfant âgé de cinq ou six secondes: Dieu! comme il ressemble à son père! Non, monsieur, moi, je dis: Nous allons voir.

PISTAL. Hâtez-vous, monsieur, hâtez-vous... je suis sur des charbons.

OSCAR. On ne dit plus, charbons, on dit: je suis sur la houille... (*A l'enfant.*) Venez çà, créature ambiguë.

PISTAL, *effrayé.* Ambiguë?

Oscar met l'enfant sur une chaise, et se trouvant placé entre le père et le fils, il les regarde alternativement.

OSCAR, *haut, donnant un morceau de sucre à l'enfant.* Prends-moi ça, mioche... (*à Pistal de même*) et vous, croquez ceci.

PISTAL. Pour...

OSCAR. Pour que l'attitude des deux objets comparés soit parfaitement semblable, croquez donc.

PISTAL, *croquant.* Je croque, je croque.

OSCAR. Maintenant, détaillons par le menu cette anatomie physiognomonique.

PISTAL, *s'agitant.* Horrible examen!

OSCAR, *à Pistal.* Ne grimacez pas, ne vous agitez pas, tenez vos muscles dans un calme complet... l'enfant est tranquille, vous devez l'être aussi.

PISTAL, *s'arrêtant.* M'y voilà, m'y voilà!

OSCAR. Commençons par le siége de l'intelligence. (*Il tâte les deux fronts; après les avoir examinés.*) Amphibologique.

PISTAL. Amphibologique?

OSCAR, *examinant les yeux.* Voyons les yeux.

PISTAL. Je tiens beaucoup à ce qu'il ait les miens.

OSCAR, *à part.* Il en veut à cet enfant. (*Haut.*) L'enfant les a noirs, et vous les avez glauques...

PISTAL. Glauques?

OSCAR. Comme les tritons.

PISTAL. Comme les tritons! mais l'expression, l'expression!

OSCAR. Elle diffère aussi; notre enfant les a vifs et spirituels.

PISTAL, *vivement.* Je les avais ainsi quand j'étais jeune.

OSCAR, *à part.* Comme l'âge nous change! (*Haut.*) Monsieur, je veux bien m'en rapporter à vous.

PISTAL. Le nez, oh! le nez... (*Oscar prend les deux nez*) parlons du nez.

OSCAR, *secouant les deux nez.* Le nez! je suis fâché de vous le dire, mais il n'y a pas le moindre rapport entre ces deux cartilages.

PISTAL. Grand Dieu! c'est l'usage immodéré du tabac qui m'a peut-être gâté le mien.

OSCAR. Eh bien, nous verrons plus tard... quand l'enfant en prendra.

PISTAL. Et la bouche, monsieur, la bouche?... est-ce que je n'ai pas la petite bouche de Léonce?

OSCAR. Si! oh! si! et plutôt trois fois qu'une.

PISTAL. Qu'entendez-vous par...

OSCAR. Mais passons, je vous prie, à ce que nous appelons l'expression générale... Riez, monsieur, je vous en prie.

PISTAL. Je ne peux pas.

OSCAR. Il n'importe, riez toujours.

PISTAL, *rire forcé.* Hi! hi! hi! hi!

OSCAR, *faisant rire l'enfant.* Eh! eh! le petit coquin, le petit mignon, qu'il est gentil... eh! eh! (*sérieux*) Ah çà, veux-tu bien
~~~~~~

rire... (*Il lui fait des grimaces, l'enfant se met à rire.*) Le voilà parti,

Il lui donne un morceau de sucre, le père et le fils rient ensemble, Oscar les regarde alternativement.

PISTAL. Eh bien! oh! de grâce!

OSCAR. Je ne sais qu'en dire, l'enfant a le rire épanoui, expansif.

PISTAL, *cherchant à rire gracieusement.* Et moi?

OSCAR. Vous, vous l'avez transi et réflectif.

PISTAL, *brusquement, sérieux.* Et vous pensez...

OSCAR. Que cela tient à une chose, c'est que vous n'avez pas envie de rire.

PISTAL. J'aurais plutôt envie de pleurer.

OSCAR. C'est précisément ce que j'allais vous prier de faire.

PISTAL, *pleurant.* Moi! qui aime tant cet enfant, je... ah! mon Dieu, mon Dieu! mon Dieu!

OSCAR, *à Pistal.* Très-bien! (*A l'enfant.*) Pleurez, monsieur, pleurez! Ah! tu ne veux pas pleurer, petit récalcitrant! brontonton! (*Il lui enlève le morceau de sucre, l'enfant crie et pleure.*) Le duo est en train.

PISTAL. Eh bien? eh bien?

OSCAR, *après avoir mis l'enfant à terre, et l'avoir renvoyé avec un petit coup de pied au derrière en lui donnant un morceau de sucre.*) Il faut le dédommager.

PISTAL. Eh bien, qu'en pensez-vous?

OSCAR. Monsieur, hâtez-vous de vous faire assurer, pour qu'un pareil enfant ne se renouvelle pas.

PISTAL. Ah! mon Dieu!

OSCAR, *à part, souriant.* Le fait est qu'il lui ressemble parfaitement.

SCENE IX.

Les Mêmes, ERNEST.

PISTAL, *à Oscar.* Assurez-moi, monsieur, assurez-moi.

OSCAR. Voici justement notre inspecteur des mœurs, nous allons entrer tous les trois dans cette pièce, pour y passer l'acte d'assurance.

PISTAL. Oui, oui, je suis impatient.

OSCAR, *à Ernest.* Désormais vous aurez soin de veiller sur la femme de monsieur.

PISTAL. Je vous en prie.

OSCAR. Hâtons-nous : j'entends la valse, les danseurs vont envahir ce bosquet.

ENSEMBLE.

Air de la Cachucha.

Courons au plus tôt.

Passer { votre / notre } assurance,

Et puis, en diligence,

Nous suivrons le galop.

Ils entrent dans le cabinet à droite.

SCENE X.

MUSTADINO, PULCHÉRIE.

Des valseurs passent au fond extérieurement, ils disparaissent de droite à gauche.

PULCHÉRIE, *valsant avec Mustadino.* Monsieur, monsieur, c'est insupportable.

MUSTADINO. Je vous aime comme un insensé! si vous saviez... l'amour... je voudrais bien escamoter votre cœur.

PULCHÉRIE. Escamoter.

MUSTADINO. C'est une façon de parler italienne.

PULCHÉRIE. Tenez, monsieur, il faut que tout ceci finisse... Voici deux mois que vous me suivez partout, cela peut me compromettre; je vous ai donné à entendre que j'étais veuve, je vous ai trompé; je suis mariée, ainsi...

MUSTADINO. Mariée! Vous êtes mariée.

PULCHÉRIE, *à part.* Ça le trouble! le monstre a des principes.

MUSTADINO. Le nom de votre mari?

PULCHÉRIE, *embarrassée.* Le nom?

MUSTADINO. Vous hésitez! vous êtes veuve.

PULCHÉRIE, *à part.* Oh! je ne peux pas lui nommer Oscar. (*Haut.*) Le nom?

MUSTADINO. Eh bien!

PULCHÉRIE, *à part.* Un nom en l'air. (*Haut.*) Léonard.

MUSTADINO, *tirant un papier de sa poche, à part.* Voyons la liste de nos assurés.

PULCHÉRIE. Que faites-vous-là?

MUSTADINO. Je... pardon... ne sortez pas... où je vous poursuis... je vous adore! un instant, et nous terminons.

PULCHÉRIE, *à part.* Il est original.

MUSTADINO, *à part.* Léonard, ce doit être à la lettre L.

PULCHÉRIE, *à part.* Que consulte-t-il?

MUSTADINO, *à part, lisant.* Lambert, Lascali, Laurent... rien! rien! Ah! l'autre série. Lebègue, Lenoir, Lesourd, Legris, Lebossu, Lebançal. En voilà six qui nous ont causé des sinistres! (*Lisant.*) Lebeau, Leriche, Legrand, Lefort... rien, rien. (*Criant.*) Il n'y est pas! il n'y est pas!

PULCHÉRIE. Qu'a-t-il donc?

MUSTADINO, *courant à elle.* Oh! mon amour! que m'importe votre mari? je le ferai disparaître, je ne fais que ça. Partez, muscade... vous, madame, vous, je vous enlèverai comme une plume.

PULCHÉRIE, *avec fierté*. Monsieur, vous me prenez peut-être pour une de ces femmes légères... vous vous trompez, je veux rester fidèle à mon mari.

MUSTADINO, *moqueur*. Oh ! fi donc, quel genre !

PULCHÉRIE. Ça ne se fait pas, me direz-vous ? mais ça me plaît à moi.

MUSTADINO. Mais, qu'est-ce que je vous demande, après tout ? Oh ! amour ! vos mains, vos cheveux, vos pieds, votre cou, rien que les babioles.

PULCHÉRIE. Les babioles !

MUSTADINO. C'est une façon de parler italienne.

PULCHÉRIE. Rien du tout, monsieur ; pas seulement le bout du doigt. Oh ! je m'y connais ! les adorateurs ressemblent aux cylindres d'une mécanique : si on s'y laisse prendre un fil, un cheveu, tout le reste y passe.

MUSTADINO, *suppliant, souriant et doucereux*. Non, tout le reste n'y passera pas, je vous le jure.

PULCHÉRIE. Bagatelle ! on a de l'expérience ou on n'en a pas ; j'en ai, et beaucoup. Tout ce que je puis faire, c'est de continuer avec vous la valse que vous me demandez, d'ici à la salle du bal.

MUSTADINO. Rien que cela ? pas un petit baiser sur votre main ?

PULCHÉRIE, *retirant sa main*. Les hommes comme vous ne donnent pas de petits baisers !

MUSTADINO.

Air de la Cachucha.

Oh ! soyez mes amours,
Charmante bayadère ;
Que sert d'être fière
Au printemps de ses jours ?
Se dessinant.
Portez donc vos yeux
Sur cette taille souple ;
Ah ! Dieu ! quel beau couple
Nous ferions à nous deux !

PULCHÉRIE, *lui faisant le signe de ratisse.*
Inexorable !
Inabordable !
Impitoyable !

MUSTADINO.
Mais pourquoi donc me traiter comme ça ?
O ma tigresse,
Quand la vieillesse
Un jour viendra,
Le regret vous prendra.

ENSEMBLE.
MUSTADINO.
Oh ! soyez mes amours, etc.
PULCHÉRIE.
Fuyez-moi pour toujours ;
Car j'ai l'humeur altière ;

Il faut être fière
Au printemps de ses jours.

Ils dansent sur l'ensemble ; les danseurs qu'on a vus, au commencement de la scène précédente, passent, en valsant, de gauche à droite.

SCÈNE XI.
PISTAL, OSCAR, ERNEST.

ERNEST, *sortant du pavillon, à Pistal.* Monsieur, voici votre police.

PISTAL. Me voilà tranquille, tout est fini.

OSCAR. Seulement, monsieur, nous nous en sommes rapportés à vous sur le degré de beauté physique et morale de madame votre épouse ; mais il serait essentiel que je la visse, que je lui parlasse, que je scrutasse.

PISTAL. Que je...

OSCAR, *appuyant*. Scrutasse le fond de sa pensée, en la mettant sur le chapitre de l'amour.

PISTAL. Ah ! bien ! ah ! oui, j'entends ; c'est juste.

OSCAR. Vous le comprenez, monsieur, quand on a des données positives, la surveillance est plus spéciale et plus efficace.

PISTAL. C'est bien !... je vais lui faire dire que je l'attends ici, près de ce pavillon... C'est vous qu'elle y trouvera.

OSCAR. Hâtez-vous, monsieur... je n'ai qu'une demi-heure à donner à madame votre épouse...

Pistal sort par le fond.

SCÈNE XII.
OSCAR, ERNEST.

OSCAR. Ernest, je vous recommande de ne pas perdre de vue Mme Pistal... Je suis physionomiste... son mari sera... brûlé, ou je me trompe fort...

ERNEST. Soyez tranquille.

OSCAR. Mais, à propos... ma femme est dans le département de votre surveillance ; voilà six mois que je suis absent... vous n'avez rien remarqué ?...

ERNEST. Eh ! eh ! eh !...

OSCAR. Vous auriez !... Ah ! je comprends... vous la rencontrez partout ; mais une ex-danseuse, ça ne peut pas rester en place... ça fait de ses jambes ce qu'elle veut... Mais jamais un homme quelconque...

ERNEST. Je vous demande pardon... Pulchérie me donne bien du mal !

OSCAR. Grand Dieu !...

ERNEST. Depuis deux mois surtout...

OSCAR. Parlez !... oh ! parlez !... Qu'y a-t-il depuis ce laps ?

ERNEST. Il y a un bel homme !...

OSCAR. Aussi beau que moi?

ERNEST. Plus beau...

OSCAR. Est-il bien possible?

ERNEST. Il la suit partout, et je crains...

OSCAR. Vous craignez...

ERNEST. Tout!...

OSCAR. Dans le passé, ou dans l'avenir?

ERNEST. Dans l'avenir.

OSCAR. Ah! ça me fait du bien!... Ernest, mon cher Ernest... vous êtes mon ami... et inspecteur... double raison pour surveiller ma femme!...

ERNEST. Ce soir, c'est facile... elle est ici.

OSCAR. Pulchérie?...

ERNEST. Elle-même...

OSCAR. Elle ignore que je suis de retour... Si elle savait... Oh! cher ami! suivez-la, je vous en prie... et si vous remarquiez le houzard qui veut m'en faire voir de grises...

ERNEST. Ce n'est pas un houzard.

OSCAR. C'est une manière de parler.

ERNEST. Ce serait plutôt un cuirassier.

OSCAR, criant. Un cuirassier!... oh! courons!... Il faut que je la voie... que je lui parle... que je...

SCÈNE XIII.

LES MÊMES, PULCHÉRIE.

PULCHÉRIE, à part. Enfin je lui échappe! (Voyant son mari.) Oscar!...

OSCAR, à part. Pulchérie!... (Tragiquement à Ernest.) Laissez-nous!

Ernest sort.

PULCHÉRIE. Vous ici, monsieur?

OSCAR. Vous ici, madame?

PULCHÉRIE. De retour... et je n'en sais rien!...

OSCAR. Au bal... et je l'ignore!...

PULCHÉRIE, criant. Oscar!...

OSCAR, de même. Pulchérie!...

PULCHÉRIE. Que nous étions-nous promis en nous mariant?

OSCAR, solennellement. Nous nous étions promis que vous seriez la plus vertueuse des femmes.

PULCHÉRIE. A la condition que vous seriez le plus fidèle des maris...

OSCAR, criant brusquement. Pulchérie, allons au fait... Quel est le monstre qui vous fait la cour, qui vous suit en tous lieux, qui veut vous faire rentrer dans un passé inénarrable?

PULCHÉRIE. Ce passé, monsieur, vous le connaissiez; je ne vous en avais pas fait un mystère...

OSCAR. Mais vous aviez juré en m'épousant de creuser un abîme entre ce passé et l'avenir... un abîme sur lequel vous ne jetteriez jamais un pont!

PULCHÉRIE. Ceci, monsieur, est subordonné à votre conduite... Souvenez-vous de vos paroles : Pulchérie, m'avez-vous dit, si jamais je te suis infidèle, je te permets...

OSCAR, brusquement. Il ne s'agit pas de ça... Ce pont, madame, l'avez-vous jeté?

PULCHÉRIE. Cette promesse, Oscar, l'avez-vous tenue?

OSCAR. Je l'espère!...

PULCHÉRIE. Quoi! vous avez le front... lorsque, après six mois d'absence, au lieu de courir à moi, vous venez ici, dans une fête...

OSCAR. Les affaires de la compagnie, madame, sont cause...

PULCHÉRIE, criant. Oscar, je suis jalouse!...

OSCAR, à part. Ce mot me fait plaisir!

PULCHÉRIE. Oh! jalouse!... mais jalouse!... et je ne vous le cache pas, il y a en ce moment un homme... (appuyant) un bel homme, qui en effet m'adore... m'idolâtre...

OSCAR. Laisse donc.... laisse donc.

PULCHÉRIE. Vous en doutez?

OSCAR, criant. Pulchérie, je suis jaloux! jaloux! oh! mais, jaloux! prenez garde.

PULCHÉRIE, allant à lui et lui prenant la main. Eh bien, suivez-moi, rentrons chez nous, Oscar, je te pardonne.

OSCAR, à part. Rentrer! et l'ange que je dois suivre?

PULCHÉRIE. Eh bien?

OSCAR, hypocrite. Ta proposition réconciliatrice porte l'ivresse dans ce cœur tout à toi, mais une affaire de la compagnie... Rentre seule, ma Pulchérie, et à demain, demain de bon matin...

PULCHÉRIE. Oscar, tu me trompes.

OSCAR. Pulchérie, tu te trompes.

PULCHÉRIE, l'examinant. Tu n'attends personne ici?

OSCAR, effronté. Parole d'honneur!

PULCHÉRIE, à part. Je ne te perdrai pas de vue.

OSCAR, à part. Avale-moi ça.

PULCHÉRIE. Du reste, je n'ai plus qu'un mot à vous dire : A Oscar fidèle, Pulchérie fidèle ; à Oscar inconstant, Pulchérie...

OSCAR, vivement. Il suffit.

AIR de l'Homœopathie.

Compte donc sur ma foi,
Je te serai toujours fidèle.
PULCHÉRIE.
Alors compte sur moi,
Aux amans je serai rebelle.
OSCAR, minaudant.
Où trouver d'aussi beaux yeux?

PULCHÉRIE, *de même.*
Où pourrai-je trouver mieux ?
OSCAR, *de même.*
Ma femme est mon seul trésor.
PULCHÉRIE, *de même.*
Et tu vaux ton pesant d'or.
OSCAR, *à part.*
Pauvre femme, va,
Comme je lui tourne la tête !
PULCHÉRIE, *à part.*
Si je te prends là,
Cher ami, ma vengeance est prête.
ENSEMBLE.
OSCAR, *lui souriant.*
Tu peux compter sur moi,
Je te serai toujours fidèle ;
Où trouver, sur ma foi,
Une femme aussi belle qu'elle ?
PULCHÉRIE, *de même.*
Tu peux compter sur moi,
A mon Oscar je suis fidèle ;
Aux amans, sur ma foi,
Je veux être toujours rebelle.

Pulchérie sort ; Oscar lui envoie des baisers.

SCENE XIV.
OSCAR, *seul.*

J'avais tort de m'alarmer, elle est jalouse...(*se désignant*) et c'est bien fait pour ça... Oh ! j'avais tort, et cependant je tremble... non pas que je l'aime passionnément... non, mais c'est l'amour-propre, c'est ce satané d'amour-propre, qui m'insuffle son poison dans le cœur... D'ailleurs, quelle honte pour un chef de division des assurances conjugales, s'il était... ça ferait du tort à l'établissement ; c'est comme un médecin qui ne sait pas se guérir de la maladie qui le tue ; à dater de ce moment-là, le public n'a plus confiance... Mais chassons ces idées ténébreuses, pensons à ma conquête de la diligence ! Dieu ! en ai-je fait de ces conquêtes !

Air *de Moustache.*
Bien souvent sur la grande route,
Rencontrant des appas,
A chaque pas
J'ai fait à l'hymen banqueroute,
Et triomphé d'un cœur
Avec bonheur.
Oui, l'on m'a vu, suivant le rang,
Prendre un vrai ton de régiment,
Ou bien les airs musqués d'un cavalier charmant.
Je suis, selon l'occasion,
Modeste, simple ou bon luron,
Je suis homme à toupet,
Ou timide et discret.
Lorsque je suis dans la rotonde,
Je chante, sans façon,
Une chanson,
Et l'on applaudit à la ronde,
Et ma voix sans apprêts,
Et mes couplets.
Dans l'intérieur, je me crois
Un honnête et riche bourgeois,
Et je prends aussitôt un air moitié courtois.
Quand je siége dans le coupé,
Je suis un jeune homme huppé ;
Je suis très-bien ganté,
Et très-haut cravaté ;
Quand je perche sur la banquette,
Comme je suis narquois,
Même grivois !
La paysanne ou la grisette,
Grâce à mes soins, bientôt
Devient mon lot ;
Car moi j'aime le genre humain...
En fait de genre féminin,
Et je fais son bonheur, j'en puis lever la main.
Depuis les dames à blason,
Jusques aux sœurs de Frétillon,
Les femmes m'ont traité
Comme un enfant gâté ;
Aussi, souvent sur la grande route,
Rencontrant des appas, etc.

SCENE XV.

OSCAR, PISTAL, *puis* JULIE, *puis* PULCHÉRIE.

PISTAL. Ne vous impatientez pas, ma femme ne peut tarder, je lui ai fait dire de venir m'attendre ici.

OSCAR. Il ne faut pas que vous soyez là.

PISTAL. Parbleu !

OSCAR. Je vous rapporterai tout, fidèlement.

PISTAL. La voici ! comme elle est bien avec son écharpe bleue !

PULCHÉRIE, *entrant dans le berceau de gauche, à part.* J'ai vu s'approcher une femme, serait-ce pour elle qu'Oscar...

OSCAR, *à Pistal.* Laissez-moi.

PISTAL. Oui, oui... (*Il va au fond, puis revient sur ses pas et dit à part.*) Au fait, je ne serais pas fâché...

Il entre, sans être vu d'Oscar, dans le pavillon de droite.

OSCAR, *allant au fond.* Je ne puis distinguer ses traits ; mais elle a une démarche ondoyante. Je me suis toujours fié peu à ces... (*Julie paraît.*) Grand Dieu !

JULIE. Vous, encore, monsieur ?

PULCHÉRIE, *à part.* Qu'avais-je dit ?

PISTAL, *à part.* Elle ne s'attendait pas...

OSCAR. Permettez, madame, que je tombe des nues, laissez-moi, je vous en prie, tomber des nues... Comment, c'est vous ? vous, la femme de M. Pistal ? vous m'aviez donc abusé ?

JULIE. Monsieur, cette plaisanterie va cesser, je l'espère ; j'attends ici mon mari.

OSCAR. Votre mari est assuré, madame, Ah ! si j'avais prévu, si j'avais deviné... il ne le serait pas... mais il n'importe, à tout prix, madame, il faut que vous m'aimiez... car moi, je vous adore...

PULCHÉRIE, *à part.* Le traître !

PISTAL, *à part.* Il la scrute !

JULIE. Monsieur, retirez-vous ; j'ai le

droit de vous le dire, vous êtes chez moi.

OSCAR. Vous avez donc oublié, madame, ces adorables journées passées ensemble dans la diligence?

PISTAL, *à part, effrayé*. Qu'est-ce qu'il dit?

JULIE. Eh bien! monsieur, ai-je encouragé par la moindre imprudence votre prétendu amour?

PULCHÉRIE, *à part*. Le scélérat!

OSCAR. Non, oh! non, je vous rends justice..... cruelle femme.... je voyais bien que j'aimais seul. Quand ma main cherchait à prendre la vôtre, vous me repoussiez, je le sentais, avec une colère qui n'était pas feinte.

JULIE. Eh bien! alors, monsieur...

OSCAR. C'est que vous ne savez pas tout, madame... Oh! vous êtes à cent lieues de savoir tout ce qui s'est passé dans la diligence.

Il va voir au fond si personne ne survient.

PULCHÉRIE, *à part*. J'aurai le courage de tout entendre.

PISTAL, *à part*. Qu'est-ce que ça signifie, bon Dieu?

JULIE. Je ne comprends pas.

OSCAR. Vous vous souvenez, madame, que pour opposer un rempart à la fièvre typhoïde de mon amour, vous aviez placé votre bonne, la Bourguignotte, entre vous et moi, comme un cordon sanitaire!

JULIE. Oui, monsieur, et c'est alors seulement que j'ai pu goûter quelques instans de sommeil.

OSCAR. Et moi, des heures entières de bonheur (*mouvement de Julie*) métaphysique, madame, métaphysique!

PISTAL, *ne comprenant pas ce mot, à part*. Métaphysique!

JULIE. Que voulez-vous dire?

OSCAR. Quand votre bonne s'était endormie... et elle dort comme un mur mitoyen, je l'enlevais... l'amour donne tant de forces!... je la mettais dans mon coin, et je prenais sa place.

JULIE. Grand Dieu!

PISTAL, *à part*. Oh!...

PULCHÉRIE, *à part*. Ah!

OSCAR, *faisant de la poésie*. Alors, ô mon ange! mon épaule servait d'appui à votre tête... vos longs cheveux glissaient souples et chatouillans sur mon front embrasé... votre joue même, à votre insu, votre joue duvetée effleurait la mienne!

JULIE, PULCHÉRIE, PISTAL. Ah!

OSCAR. Alors, je n'imaginais pas, je ne désirais pas d'autre bonheur... je me tenais immobile, de peur de vous éveiller. Je craignais que le moindre mouvement ne vînt m'enlever cette légère faveur, que

je ne devais qu'à votre ignorance. Aussi, quand votre bonne, la Bourguignotte, faisait entendre ce bruit nazal et prolongé qui est la seule musique du sommeil, je la poussais dans son coin, je lui donnais des bourrades, je lui pinçais le nez, et elle ne s'éveillait pas, la marmotte!... Non, seulement elle murmurait : Pst! pst! pst! en se tapotant la figure. L'insensée! elle me prenait pour une mouche!

JULIE. Sortez, monsieur, sortez, je vous l'ordonne!

OSCAR, *outré*. Vous me chassez!...Eh bien! ingrate... puisque je ne puis vous persuader, puisque vous oubliez tout ce qu'il m'a fallu de force et de courage pour entendre les nocturnes concerts de votre Bourguignotte, je ne ménage plus rien... votre cruauté m'exaspère... vous serez à moi... non pas dans un an, non pas dans un mois, non pas dans un jour, non pas dans une heure, non pas dans une minute, mais à l'instant... à l'instant!... je brave l'échafaud!...

JULIE, *fuyant en criant*. Au secours!... au secours!...

Oscar court. Pulchérie et Pistal, qui sont sortis du pavillon, l'arrêtent, chacun de son côté.

SCENE XVI.

PULCHÉRIE, OSCAR, PISTAL.

PULCHÉRIE, *sortant du cabinet*. C'est affreux!

PISTAL, *de même*. C'est abominable!

OSCAR. Ma femme! quelle tuile!

PISTAL. Et il venait de m'assurer!...

PULCHÉRIE. Et il venait de me jurer... Le scélérat!... le monstre!

OSCAR. Chère et douce amie!...

PULCHÉRIE. Moi, qui pour lui avais renoncé au théâtre, à Satan, à ses pompes...

OSCAR. Et à ses œuvres!

PISTAL. Quelle horreur!

PULCHÉRIE. Ah! tu me délaisses! tu pinces le nez aux Bourguignottes dans les diligences!... Eh bien! oui, je jetterai un pont sur l'abîme qui me devait à jamais séparer du passé!

PISTAL. Ce ne sera pas le pont de la Concorde, toujours.

OSCAR. O ciel!

PULCHÉRIE. Oui, je l'y jetterai, et je cours de ce pas trouver le beau marquis de Mustadino, que j'aime, et qui fera mon bonheur!

Elle sort.

OSCAR, *voulant se dégager*. Le marquis! c'était lui!... je ne te quitte plus!...

PISTAL, *l'arrêtant.* Ni moi non plus... je ne suis pas votre dupe... vous voulez aller rejoindre ma femme !...

SCÈNE XVII.
OSCAR, PISTAL.

OSCAR. Voulez-vous bien me lâcher !

PISTAL, *le retenant.* Oh! je suis nerveux.

OSCAR. Vous répondrez de ce sinistre à la compagnie et à moi.

PISTAL. Je m'en fiche.

OSCAR. Me laisserez-vous enfin, vieillard d'Hernani !

SCÈNE XVIII.
LES MÊMES, JULIE, ERNEST, HOMMES et FEMMES.

CHŒUR.

Quel tapage épouvantable !
Quel horrible bachanal !
C'est vraiment insupportable !
Tout le monde a fui le bal.

JULIE. Mon ami, qu'y a-t-il?

OSCAR. Rien! une bagatelle.

PISTAL, *aux autres.* C'est monsieur qui nous assure, et qui cherche ensuite à nous enlever nos femmes.

TOUS. Oh!

PISTAL. Mais nous sommes vengés. Le noble marquis de Mustadino lui enlève la sienne en ce moment.

SCÈNE XIX.
LES MÊMES, PULCHÉRIE, MUSTADINO.

PULCHÉRIE. Oui, messieurs, je romps tout commerce avec un époux perfide et roturier, et je m'en vais, grâce à la protection du noble marquis de Mustadino, porter mon talent sur le grand théâtre de Venise.

MUSTADINO, *à part.* C'était sa femme !

OSCAR. Ah! tu veux donner dans la noblesse?... eh bien, apprends donc... (*A part.*) Aussi bien, je n'ai plus rien à cacher maintenant. (*Haut.*) Apprenez tous que le noble marquis de Mustadino, que ma femme veut prendre pour protecteur, n'est autre que le nommé Lorrain, dit Mâchefer, ancien escamoteur du Bas-Languedoc, maître d'armes et de savate, et professeur de danse de toulouroux.

PULCHÉRIE, *s'éloignant de lui avec dédain.* O ciel!

CHŒUR.

A la porte, à la porte !
Oui, qu'à l'instant même il sorte !
A la porte, à la porte !
Ah! d'honneur,
C'est une horreur !

MUSTADINO. Je m'en bats l'œil; il me reste un cabriolet et cent écus ; je vendrai de l'eau de Cologne et de la pommade Mélaïnocome.

Il sort, chassé par les invités.

REPRISE DU CHŒUR.

OSCAR. Messieurs, j'espère que l'algarade de cette soirée ne vous empêchera pas de vous faire assurer.

TOUS. Oh!... non... oh !

PISTAL. Moi, je déchire ma police, et je vais demander votre destitution au directeur.

PULCHÉRIE. Il donnera sa démission, je le veux ; il ne surveillera plus les femmes, lui qui a tant besoin d'être surveillé.

OSCAR, *avec dédain, en charlatan.* Messieurs, je le vois avec un profond chagrin, vos esprits peu élevés ne sont pas à la hauteur de nos modernes conceptions; nous sommes, comme cela, quelques génies industriels, méconnus, incompris, flétris même du nom peu académique de floueurs. L'envie noircit nos actions... et vous ne voulez pas en prendre. Puisqu'il en est ainsi, je vous abandonne, messieurs, à vos idées rétrocessives, et, désormais, s'il me vient des idées nouvelles, c'est aux femmes seules que je m'adresserai. (*Il sourit gracieusement aux spectatrices.*) Mesdames...

AIR : *Vaudeville du Bal du grand monde.*

Vous pardonnez à l'assureur
Quelques petites épigrammes.
J'ai dit un peu de mal des femmes,
Et je suis leur adorateur !
Bien souvent pour qui les offense
Elles sont pleines de bonté,
Et c'est en cette circonstance
Que j'implore leur charité !
Je crains peu la mauvaise humeur
D'un sexe charmant que j'admire,
Les bouches faites pour sourire
Ne prennent pas un air boudeur ;
Mais il est un sexe terrible,
Auquel, je dois en convenir,
Malgré ma répugnance horrible,
Je suis forcé d'appartenir :
Ce sont les hommes, entre nous,
Dont la présence m'importune ;
S'ils voulaient me garder rancune,
Mesdames, calmez leur courroux.
En retour de ce bon office,
A chacune de vous ici,
Je puis rendre un très-grand service
Qui vous épargne du souci :
Dès demain, parole d'honneur,
Contre les maris infidèles,
Je fonde assurances nouvelles...
Ma femme en sera l'inspecteur ;
Oui, désormais plus de scandale,
Ils seront sages à la fin.
Pour la réforme maritale,
Venez, toutes, signer demain ;
Et si, malgré ce moyen-là,
Ces messieurs manquaient de constance,
Il est pour vous une vengeance...
Ma femme vous l'enseignera !...

LE CHŒUR.

Et si, malgré ce moyen-là, etc.

Imprimerie de Ve DONDEY-DUPRÉ, rue Saint-Louis, 46, au Marais.